Anneliese Schulz (Hrsg.)

Materialien
Den Nächsten lieben – das Notwendige tun

Anneliese Schulz (Hrsg.)

Materialien
Den Nächsten lieben – das Notwendige tun

Sekundarstufe I

Ernst Klett Verlag für Wissen und Bildung
Stuttgart · Dresden

1. Auflage 1 6 5 4 3 2 | 1996 95 94 93 92
Gedruckt auf umweltfreundlichem Recyclingpapier, hergestellt aus 100% Altpapier.
Alle Drucke dieser Auflage können im Unterricht nebeneinander benutzt werden,
sie sind untereinander unverändert. Die letzte Zahl bezeichnet das Jahr dieses Druckes.

Satz und Druck: Wilhelm Röck, Weinsberg
Einbandgestaltung: Zembsch' Werkstatt, München
ISBN 3-12-268690-2

Inhalt

Außenseiter I

Bilder von Außenseitern

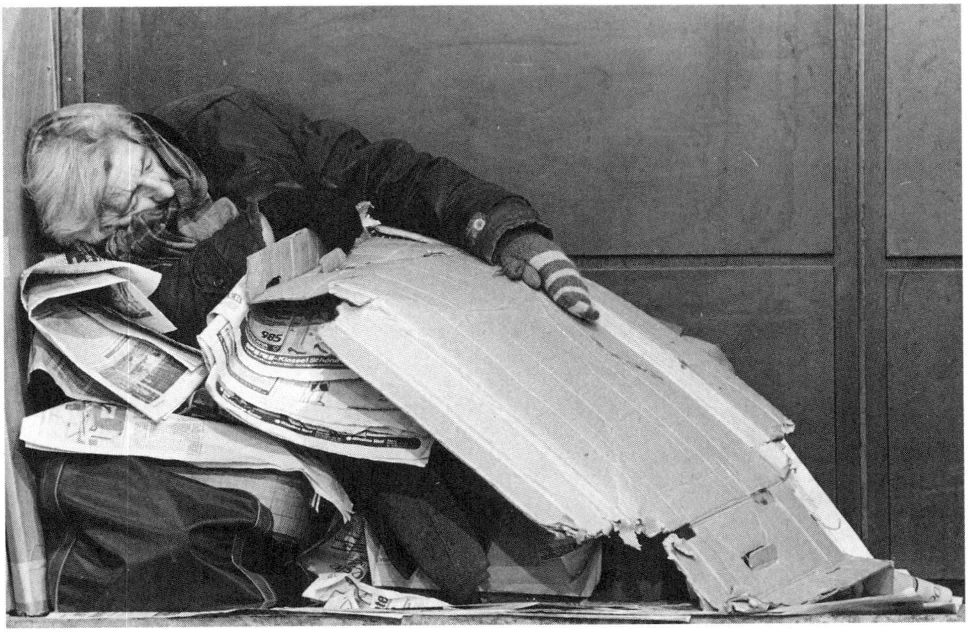

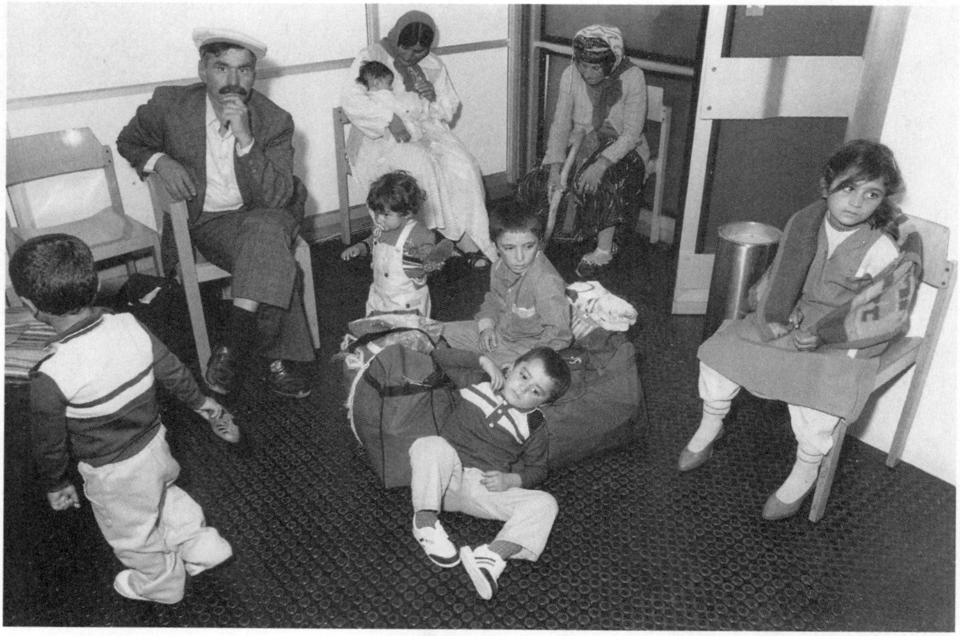

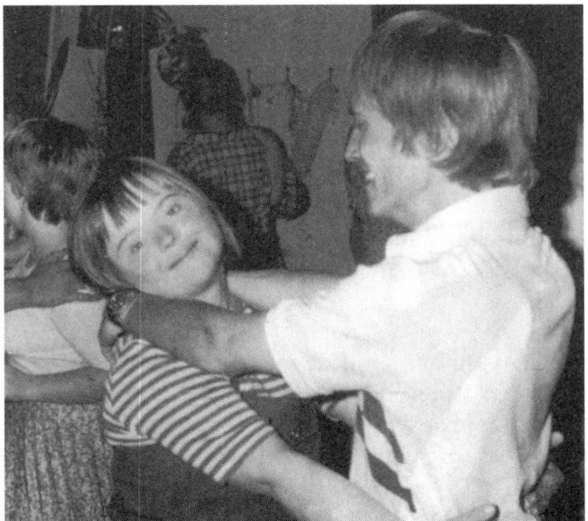

Außenseiter II: Gastarbeiterkinder

2 Lied von F. Vahle: „Ayşe und Jan"

So spielten die Kinder alleine ... ein jedes in seinem Hof.
Und beide Kinder fanden alleine spielen doof.
Und zwischendrin war eine Mauer ... ein undurchdringliches Stück.
Da hat Jan die Ayşe gerufen ... doch kam keine Antwort zurück.
Refrain:

Da hat er mit Steinen geworfen und einer traf Ayşe am Kopf.
Da sind Ayşes Brüder gekommen und haben den Jan verkloppt.
Da ist der Jan ins Gebüsch dicht an der Mauer gekrochen
und hat geweint als hätten ihn selbst mehr als zwanzig Steine getroffen.
Refrain:

Doch da hat er plötzlich dicht neben sich in der Mauer ein Loch entdeckt.
Durch das hat sich eine kleine Hand mit einem Stück Kuchen gestreckt.
Da hat sich der Jan gewundert und fragte: „Was ist das denn da?"
Und da sagte Ayşe ganz leise: „Für dich ... ein Stück Baklava."
Refrain:

Und dann war der Jan bei der Ayşe und dann war die Ayşe beim Jan.
Sie machten das Mauerloch größer, so daß man gut durchkrabbeln kann.
Doch einmal hat Jans Vater nach seinem Sohn gefragt.
Und da hat unten im ersten Stock Oma Papenfuß gesagt:
„Der Jan hat vorhin bei den Türken, bei unseren Nachbarn gesessen
und hat mit der Ayşe zusammen eine Friedenstorte gegessen."
Refrain:

Jans Vater, der sagte:« „Wie komisch!" Und stieg die Treppe hinauf.
Von Kindern da kann man was lernen... So hört die Geschichte auf.
Refrain:

3 Karikatur von Chr. Sandberger „Spaggedifresser"

Ein Beispiel aus der Geschichte der Diakonie: Johann Heinrich Wichern

4 Fotografie „Kinderarbeiter um 1850"

5 Zwei Texte zur Kinderarbeit

Text a:
Die Jahre 1820 bis 1840 waren in Deutschland die Zeit der schlimmsten und schrankenlosesten Kinderausbeutung. Kinder von 6 Jahren wurden in elfstündiger Nachtarbeit beschäftigt oder arbeiteten für 2 bis 3 Silbergroschen von früh 7 Uhr bis abends 8 Uhr. Um während des Essens nicht pausieren zu müssen, wurde ihnen die karge Mahlzeit in einem Blechtopfe um den Hals gehängt.

Text b:
Das war der Tageslauf eines Färberjungen um 1850 in einer Papierfabrik:
5 bis 8 Uhr Arbeit in der Fabrik
8 bis 11 Uhr Schule
11 bis 12 Uhr Arbeit in der Fabrik
12 bis 13 Uhr Mittagspause
13 bis 16 Uhr Schule
16 bis 19 Uhr Arbeit in der Fabrik
Für diese Arbeit erhält der Junge einen Wochenlohn von 1,44 Mark!

1880 galten etwa folgende Preise:
500 g Rindfleisch 60–70 Pf., 500 g Butter 70–90 Pf., 1 Ei kostete 5 Pf., 1 Tonne Kartoffeln 5 Mark.

6 Bilder von Johann Hinrich Wichern und dem Rauhen Haus

7 Die kleinen Sklaven

Kinder in einer ägyptischen Ziegelei: Sie stapeln die Tontöpfe im Brennofen und räumen ihn aus

8 Text zum Jugendarbeitsschutzgesetz

Jugendarbeitsschutz

Der Schutz der arbeitenden Jugend ist durch das Jugendarbeitsschutzgesetz vom 12. 4. 1978 geregelt...

Die Beschäftigung von Kindern (unter 14 Jahren) ist grundsätzlich verboten (§ 5). Ausnahmen sind für Kinder über 3 bzw. 6 Jahren bei Musik- und Theateraufführungen, im Rundfunk und bei Filmaufnahmen täglich bis zu 2, 3 oder 4 Stunden auf Antrag zugelassen. Die Arbeitszeit der Jugendlichen (14–18 J.) ist auf 8 Stunden täglich, 40 Stunden wöchentlich... begrenzt... Für Jugendliche unter 15 Jahren besteht Beschäftigungsverbot mit Ausnahmen für Ausbildungsverhältnisse und leichte Tätigkeiten...

Diakonie heute

9 Aufgabenfelder der Diakonie

1 Heime für Mutter und Kind
Säuglingsheime
Kinderheime
Jugendwohnheime
5 Lehrlingswohnheime
Sprachheilzentren
Blindenheime
Rehabilitationszentren
Werkstätten für Behinderte
10 Beschützende Werkstätten
Heime für Geistig Behinderte
Tagesstätten für behinderte Kinder
Pflegeheime für Schwerbehinderte
Nichtseßhaftenhilfe
15 Männerwohnheime
Beratungsstellen für Menschen unterwegs
Kliniken für Suchtkranke
Beratungsstellen für Suchtkranke und deren Angehörige
Selbsthilfegruppen für Suchtkranke
20 Diakonische Bezirksstellen
Sanatorien
Mütterkurheime
Erholungsheime
Freizeit- und Begegnungsstätten
25 Familienferiensiedlungen
Kindererholungsheime
Evangelische Krankenhäuser
Klinik für Langzeitkranke
Altenwohnheime
30 Altersheime
Sozialstationen/Diakoniestationen
Essen auf Rädern/Essenszubringerdienst
Pflegeheime
Ehe- und Familienberatung
35 Beratung von Eltern drogenabhängiger Kinder
Erziehungsberatungsstellen
Gefangenen- und Strafentlassenenfürsorge
Übergangswohnheime für Spätaussiedler
„Brot für die Welt“
40 Katastrophenhilfen
Kirchlicher Entwicklungsdienst
Dienst in Übersee
Telefonseelsorge
Adoptionsvermittlung
45 Bahnhofsmission
Mitternachtsmission
Stadtmission

10 Text von Chr. Planck: Gebet eines gelähmten Jungen

„Herr, Vater von allen Menschen, ich bringe meinen ungeteilten Dank Dir dar für die Bewahrung, die Du mir hast zuteil werden lassen, und für die Hilfe, die Du mir geschenkt hast.
O Vater, ich bitte Dich, laß doch die Menschen, die nicht körperbehindert sind, einsehen, daß wir auch Gefühle haben, die manchmal sogar empfindsamer sind als die von nicht Behinderten.
Es wäre für uns sehr viel leichter, wenn wir ganz selbstverständlich in die Gesellschaft aufgenommen werden könnten. Manche Menschen werden es wahrscheinlich nie begreifen, daß körperlich behinderte Kinder und Jugendliche auch einen Stolz haben. Falsches Mitleid nützt uns nichts. Jedoch für echte Hilfe im richtigen Moment sind wir ihnen dankbar. Dabei kommt es uns vor allem auf die Hilfe in der Kontaktaufnahme mit Nichtbehinderten an. Wir wollen keine Sonderrolle in der Gesellschaft haben, sondern gleichberechtigt sein, denn wir möchten und können auch etwas leisten.
Aber nicht mein, sondern Dein heiliger Wille geschehe wie im Himmel, so auf Erden. Mach alles wohl und recht, Herr. Bewahre mich weiterhin, o mein Vater. Amen."

Christoph Planck

11 Bildcollage „Behinderte“

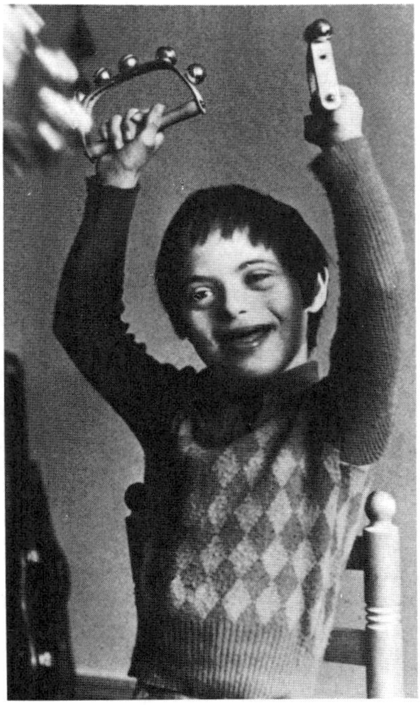

Fortsetzung Bildcollage „Behinderte“

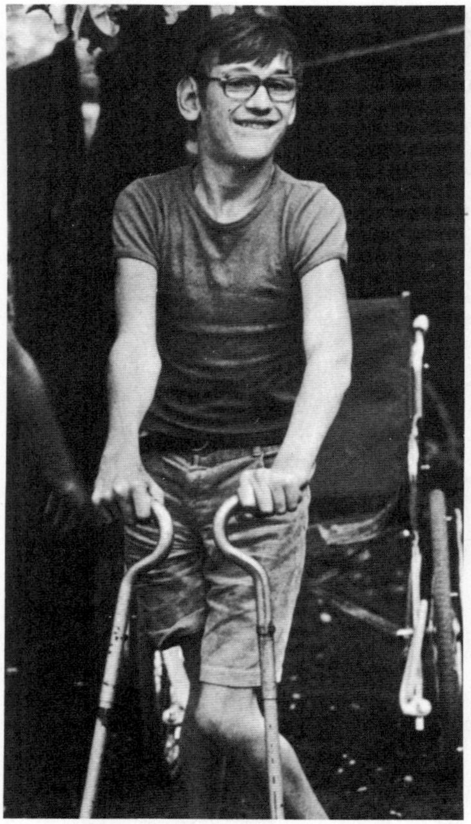

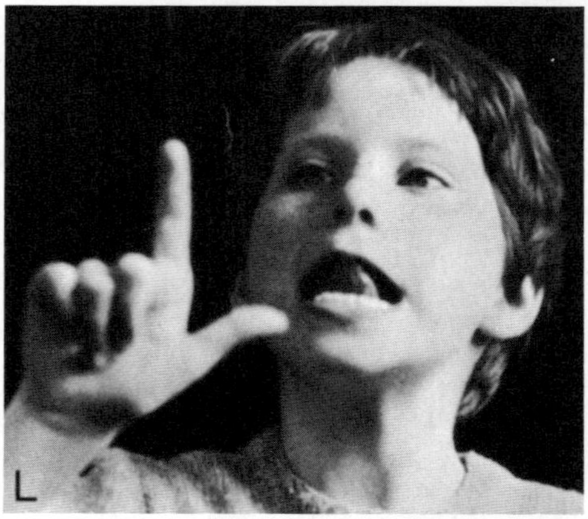

Jeder ist ein Teil
des Ganzen

Wir lernen eine Gruppe von Behinderten kennen: Die Spastiker

12 Eine Zeitungsmeldung aus „Konsequenzen“ 6/1969

91 Prozent der Bundesbürger im Alter zwischen 16 und 90 Jahren wissen nicht, wie sie sich verhalten sollen, wenn sie einem Behinderten begegnen. 70 Prozent glauben, daß man sich vor Behinderten ekeln kann. 63 Prozent sind der Ansicht, behinderte Kinder seien am besten in einem Heim aufgehoben, und 56 Prozent möchten nicht mit Behinderten in einem Haus wohnen. Ebenfalls 63 Prozent der Befragten meinten, daß man ein Kind, das mit Fehlbildungen geboren wird, nicht mit allen Mitteln am Leben erhalten sollte.

Aus dieser Untersuchung folgerten Soziologen: Von dieser Einstellung ist der Weg zur Euthanasie nicht weit!

Behinderte in dunkler Zeit

13 Rechenaufgabe im Dritten Reich

Im Lande Baden, das rund 2 400 000 Einwohner zählt, waren zu Anfang des Jahres 1934 insgesamt 6 400 Pflegebedürftige, 4 500 Geisteskranke, 2 000 Erbkranke und 1 500 Jugendliche in Fürsorgeheimen untergebracht.

a) Wieviel Fürsorgebedürftige kommen durchschnittlich auf 1 000 Einwohner?
b) Von den Geisteskranken sind 868 mindestens 10 Jahre, 260 mindestens 20 Jahre, 112 mindestens 25 Jahre, 54 mindestens 30 Jahre, 32 mindestens 35 Jahre und 6 mindestens 40 Jahre eingeschlossen. Wieviel Reichsmark haben diese Geisteskranken dem badischen Lande mindestens gekostet, wenn man für jeden rund 18 RM täglich ausgeben muß? (1 Jahr = 365 Tage.)
c) Wieviel gesunde Familien mit einem Jahreseinkommen von 3 000 RM könnten von diesem Betrage 10 Jahre lang leben?

14 Erinnerungen aus „In den Netzen der Erinnerung“ von C. Stern

Erinnerung

Wenn Eka und ihre Freundinnen in Ahlbeck aus der Schule kamen, stand er, auf sie wartend, vor der Wohnung seiner Eltern nah der alten Eiche. Seine blonden Haare auf dem runden Schädel waren geschoren; auch im Sommer blieb er blaß. Meistens hatte ihm seine Mutter einen dunkelblauen Pullover angezogen, der stand ihm zu Gesicht. Er war ein stämmiger untersetzter Junge von damals vielleicht siebzehn Jahren. Die Kinder riefen „Willi! Willi!“ und liefen auf ihn zu und tanzten um ihn rum. Er lachte töricht, wollte mit ihnen tanzen und quietschte vor Vergnügen. Sie hänselten den Jungen und fürchteten sich lustvoll, wenn er nach ihnen grapschte. Willi, der Dorftrottel.
Eines Tages, während des Krieges, zeigte seine Mutter in der Zeitung Willis Tod an. Fern der Heimat sei er in Pzary – was hatte Willi an diesem unbekannten Ort gemacht? – an den Folgen einer Lungenentzündung verstorben.
„Nanu“, sagte der Rendant* Peters, „der Willi war doch so gesund.“
„Auf polizeiliche Anordnung mußte der Verstorbene sofort eingeäschert werden“, auch das teilte seine mutige Mutter mit . . .

* Rendant = Rechnungsführer einer größeren Kirchengemeinde, Kirchenpfleger

15 Zeugnisse der Mordaktionen, Bild: Die Reichspostbusse und Schreiben des Württembergischen Innenministers

Die Reichspost-Busse der ‚Gekrat' in der Anstalt Eichberg

Der Württ. Innenminister
Nr. X 5220

Stuttgart-S, den 29. Januar 1940.

An die Pflege- und Bewahranstalt
Pfingstweide b. Tettnang

Betreff: Verlegung von Insassen der Heil- und Pflegeanstalten
Beil.: 1 Runderlaß
1 Liste

Unter Bezugnahme auf meinen in Abschrift beiliegenden Runderlaß Nr. X 4792 vom 23. November 1939 ordne ich die Verlegung der in der beigefügten Liste aufgeführten Kranken aus Ihrer Anstalt an. Die Abholung der Kranken erfolgt in meinem Auftrag durch die Gemeinnützige Kranken-Transport G.m.b.H., die sich mit Ihnen ins Benehmen setzen wird...

Das Spiel Fürsteneck

16 Zum Spiel Fürsteneck: Stadtplan

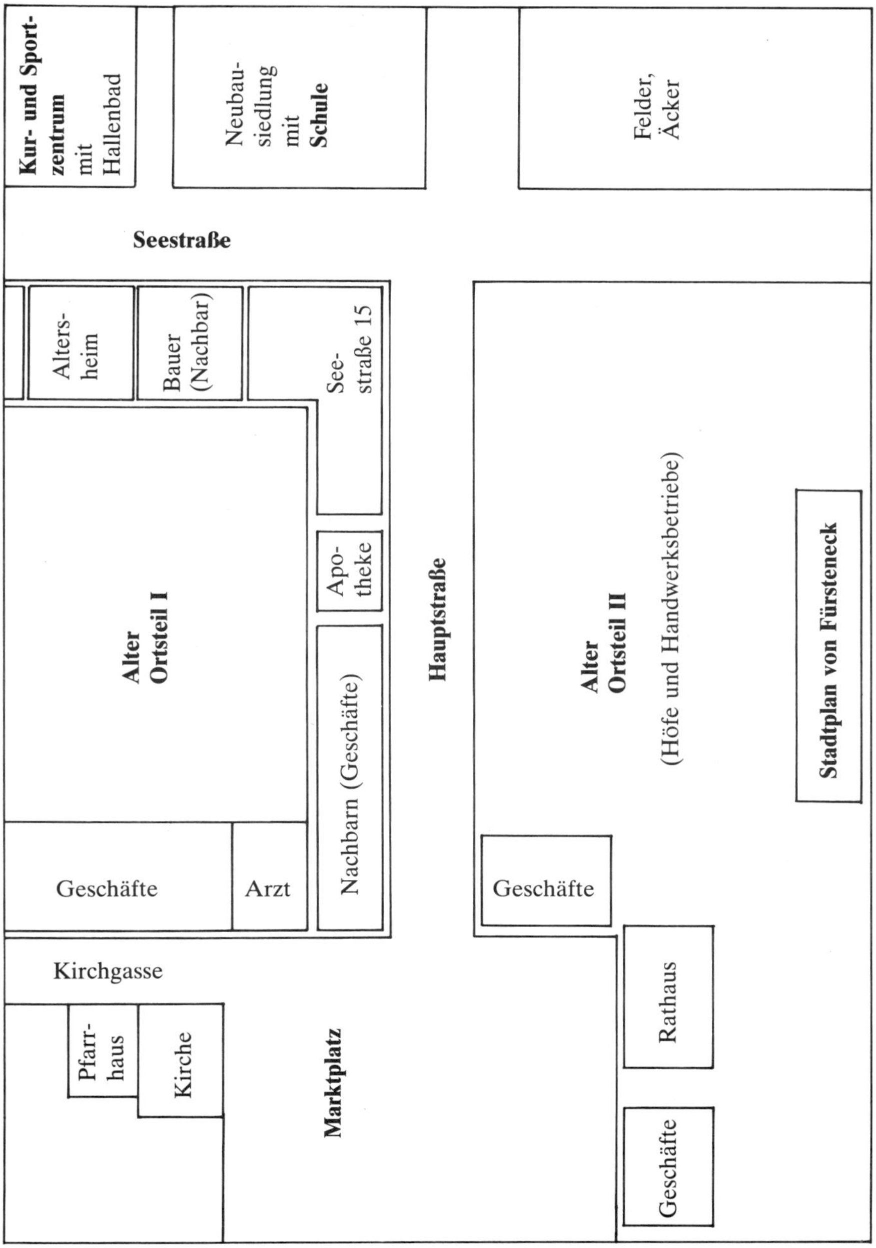

17 Zum Spiel Fürsteneck: Brief an den Bürgermeister

Dr. med H. Heuerle
Psychiater und
Psychotherapeut

Passau, den 18. Oktober 1968

An das
Bürgermeisteramt
von
8391 Fürsteneck
z. H. Herrn Bürgermeister

Sehr geehrter Herr Bürgermeister,

wie Sie sicher schon erfahren haben, stehe ich seit einigen Monaten in Verhandlung mit der Erbengemeinschaft Schneider, um den Gebäudekomplex Seestraße 15 mit Haupt- und Nebengebäuden käuflich zu erwerben.

Für den Fall, daß der Kauf erwartungsgemäß zum Abschluß kommt, beabsichtige ich, in der Seestraße 15 eine Nebenstelle meiner Heil- und Pflegeanstalt Passau unterzubringen.

Es ist geplant, zunächst ca. 15 bis 20 geistig und körperlich Behinderte in dieser Nebenstelle unterzubringen, dazu kommt eine etwa gleichgroße Anzahl von Pflegepersonal.

Für den Fall der Realisierung dieses Projekts würde das eine gewisse Veränderung für Fürsteneck bedeuten. Im Ortsbild von Fürsteneck mit seinen 2.500 Einwohnern würden die Behinderten nicht zu übersehen sein. Fürsteneck hat sich in den letzten Jahren zu einem gesuchten Erholungsort entwickelt, dessen besonderes Klima wir gerne unseren Kranken zugute kommen lassen wollen. Allerdings muß erwogen werden, welche Auswirkungen die Anwesenheit von Behinderten auf die Kurgäste haben wird.

Deshalb bitte ich Sie, unsere Pläne in einer Gemeinderatssitzung oder gar auf einer Bürgerversammlung zu diskutieren und mir die Einstellung der Bürgerschaft von Fürsteneck mitzuteilen. Sie verstehen, daß wir gegen die Meinung der Bevölkerung dieses Projekt nicht verwirklichen können. Und noch sind in der Bevölkerung die Widerstände gegen Behinderte sehr groß.

Sollte diese Entscheidung positiv ausfallen, denken wir auf weitere Sicht daran, das Heim in Fürsteneck auf 70 bis 100 Patienten auszubauen.

Spätestens dann, in gewissem Umfang aber auch schon vor dem Umbau des Hauses zu einem Behindertenheim, werden die Kaufleute und Gewerbetreibende von Fürsteneck Vorteile haben.
Ich erwarte Ihre Antwort und grüße Sie hochachtungsvoll

Heuerle

18 Zeitungsmeldung „Fürsteneck – Grafeneck und anderswo"

Das Dorf Fürsteneck machte Schlagzeilen. Es liegt 20 km von Passau entfernt und zählt rund 1000 Einwohner. Am Rande dieser Gemeinde wollte ein Privatmann ein Heim für geistig behinderte Kinder einrichten. Er kaufte ein Haus, und am 18. Oktober sollten die ersten sieben Kinder mit einer Betreuerin in das Heim einziehen.
Dazu kam es nicht. Einige Einwohner von Fürsteneck zwangen die Kinder und ihre Betreuerin zur Umkehr. Dieser Erfolg wurde wie ein Sieg gefeiert. Plötzlich brannte der Dachstuhl des Heimes. Die spät eintreffende Feuerwehr wurde von angetrunkenen Burschen an den Löscharbeiten gehindert.
Was veranlaßte die Fürstenecker, sich in dieser Weise gegen geistig behinderte Kinder zu wehren? Die einen sagten, wenn wir solche Kinder in unserer Umgebung dulden, dann ist mit einem Rückgang des Fremdenverkehrs und einer daraus folgenden Gewinneinbuße zu rechnen. „Die Touristen wollen während ihres Urlaubs keine Deppen sehen." Übrigens ein Argument, das leider zutrifft. Ein anderer Bauer sagte, er habe zwei Töchter, und niemand könne ihm garantieren, daß diesen von den geistesschwachen Heiminsassen nichts angetan werde. Schließlich meldeten sich noch die Lokalpatrioten zu Wort: „Wir sind grundsätzlich dagegen, daß Kinder in den Bayrischen Wald geschickt werden, die man anderswo nicht haben will, insbesondere aus Norddeutschland."
Das passierte in Fürsteneck. Was Dorfbewohner jedoch als Begründung für ihr Tun anführten, das hört man nicht nur in Fürsteneck, sondern auch anderswo.

Diakonie als Nachfolge Jesu

19 Volkstümlicher Papierschnitt aus China

Papierschnitt He Qi

20 Eine alarmierende Herausforderung

Eine alarmierende Herausforderung

- 500000 Kinder in Afrika, Asien und Lateinamerika verlieren jedes Jahr ihr Augenlicht, nur weil ihrem Körper Vitamin A fehlt. Viele von ihnen erblindeten, als die Masern hinzukamen.
- 2 Millionen Kinder auf der Welt sterben jährlich an Masern.
- Mindestens 5 Millionen Kinder leiden an Vitamin-A-Mangel. Sie sind besonders blindheitsgefährdet und anfällig für lebensgefährliche Infektionskrankheiten.
- Rund 80 Prozent der Kinder in Afrika, die nicht geimpft sind, erkranken bis zu ihrem fünften Lebensjahr an Masern. In den Gebieten, wo Vitamin-A-Mangel herrscht, verlieren viele von ihnen ihr Augenlicht oder gar ihr Leben.

Eine vermeidbare Tragödie

Schon eine einzige Vitamin-A-Kapsel bewahrt ein masernkrankes Kind vor lebenslanger Blindheit.
Zwei Kapseln pro Jahr schützen Kinder vor Vitamin-A-Mangel und damit vor der Erblindung durch Xerophthalmie. Deshalb sind wir von der Christoffel-Blindenmission entschlossen, unsere Anstrengungen zur Verhütung vermeidbarer Kinderblindheit zu verdoppeln. Und dazu erbitten wir Ihre Hilfe!

- Eine Kinderschutzimpfung gegen Masern kostet **2 Mark**
- Eine Vitaminbehandlung für zehn Kinder, um sie ausreichend gegen Xerophthalmie zu schützen, kostet ganze **4 Mark**
- Eine Vitamin-A-angereichete Mahlzeit ist schon für 30-Pfennig pro Kind zu haben.
  Das macht im Jahr rund **110 Mark**

Daß ein Kind durch Masern hilflos erblinden muß, nur weil ein paar Pfennige für eine Vitaminbehandlung fehlen – das darf es nicht mehr geben!

Retten Sie mit uns gemeinsam Jungen und Mädchen das Augenlicht – und sogar das Leben!

Vorschlag für eine Klassenarbeit

21 Gedicht von Susanne Kilian, Klumpfuß

Klumpfuß

Ja, wer geht denn da mit seinem Klumpfuß?
Das ist der Franz.
Nein, wie das aussieht, wie der geht!

Los, wir rennen hinterher. Nein, wir hinken hinterher.
Hink! Hink! Hink!
Der merkt das gar nicht.
Der hat nicht nur'n Klumpfuß, der ist auch taub.
Er geht, als wäre niemand hinter ihm.
Zieh nur die Schultern 'n bißchen ein.
Du Klumpfuß!

Ich Klumpfuß
Ich sag' nichts.
Gegen euch kann ich gar nichts machen.
Ich hab' ja 'n Klumpfuß.
Aber das werd' ich mir merken.
Alles werd' ich mir merken.
Ich vergesse nichts.
Und eines Tages...
Ich weiß noch nicht wie, aber ich werd's euch zurückzahlen.
Bestimmt!

Susanne Kilian

Quellennachweis

Seite 7
Bild 1: Gerhard Pfeiffer, München
Bild 2: Oswald Kettenberg, Maria Laar

Seite 8
Bild 1: aus: Rudolf Mühlfenzl, Geflohen und Vertrieben, Athenäum Verlag, Frankfurt
Bild 2: Heiner Wessel, Frankfurt

Seite 9
Bild 1: Christoph Rau, Darmstadt
Bild 2: Klaus von Lüpke, Essen

Seite 10
Ayşe und Jan. Text und Komposition: Frederik Vahle. © AKTIVE MUSIK, Verlagsgesellschaft mbH, Dortmund

Seite 11
Christoph Sandberger, Stuttgart

Seite 12
Udo Achten, Düsseldorf

Seite 13
Text a: D. Rühle, Illustrierte Kultur- und Sittengeschichte des Proletariats Band 2, Pahl-Rugenstein Verlag, Köln 1981
Text b: aus: Anpassung oder Wagnis, Materialien für den Religionsunterricht in der Sekundarstufe I, Diesterweg Verlag

Seite 15
Terre des hommes, Osnabrück

Seite 16
aus: O. Model/C. Creifeld, Staatsbürgertaschenbuch, Verlag C. H. Beck, München 1978

Seite 18
in: Für Arbeit und Besinnung. Zeitschrift für die Evangelische Kirche in Württemberg 1981, 35. Jg. Nr. 6

Seite 19
Bild 1, 2, 4: aus Becker/Niggemeyer, Ich bin doch auch wie ihr, Otto Meier Verlag, Ravensburg
Bild 3: Anstalt Stetten, Kernen

Seite 20
Bild 1–4: aus Becker/Niggemeyer, Ich bin doch auch wie ihr, Otto Meier Verlag, Ravensburg

Seite 21
aus: „Konsequenzen“ 6/1969, hrsg. v. Diakonischen Werk der Evangelischen Kirche in Württemberg e. V., Stuttgart

Seite 23
Carola Stern, In den Netzen der Erinnerung, Rowohlt Verlag 1986

Seite 24
Süddeutscher Verlag, München

Seite 28
Papierschnitt von He Qi, in: darum 2/87, Evangelisches Missionswerk in Südwestdeutschland, Stuttgart

Seite 29
Christoffel-Blindenmission e.V., Bensheim

Seite 30
Günther Stiller/Susanne Kilian, Nein-Buch für Kinder, Hinterher ist man schlauer, Beltz Verlag, Weinheim 1974